0
null
zero

10
zehn
dieci

20
zwanzig
venti

30
dreißig
trenta

40

vierzig

quaranta

50

fünfzig

cinquanta

60

sechzig

sessanta

70

siebzig

settanta

80

achtzig

ottanta

90

neunzig

novanta

100

einhundert

cento

1000

eintausend

mille

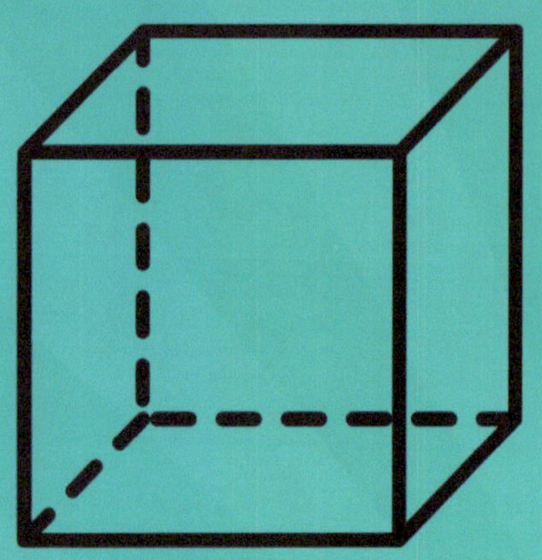

Würfel

cubo

Spielbaustein

blocco

Eiswürfel

cubetto di ghiaccio

Karamell

caramello

Zucker

zucchero

Würfel

dadi

Geschenkbox

confezione regalo

Pappkarton

scatola di cartone

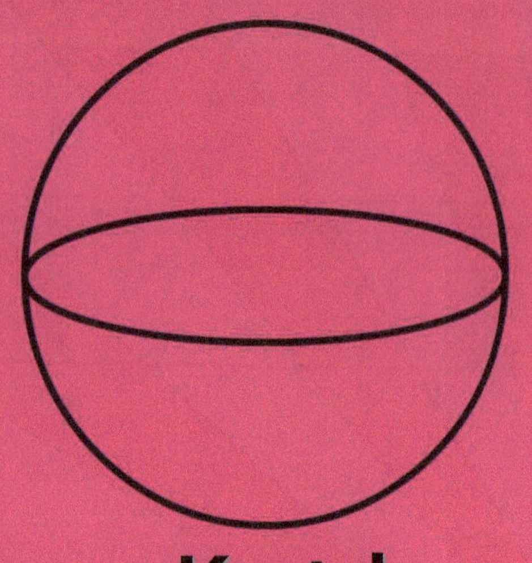

Kugel

sfera

Eiskugel

pallina di gelato

Perle

perla

Blase

bolla

Murmeln

biglie

Planet

pianeta

Schneeball

palla di neve

Tennisball

pallina da tennis

Zylinder

cilindro

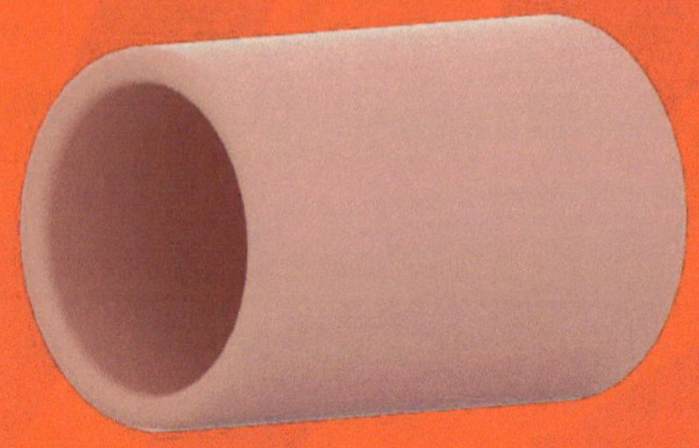

Rohr

tubo

Batterien

batterie

Garnspule

rocchetto di filo

Zimt

cannella

Nudelholz

mattarello

Wurst

salsiccia

Heuballen

balla di fieno

Kegel

cono

Verkehrskegel

cono stradale

Eiswaffel

cono gelato

Hexenhut

cappello da strega

Kerker

maschio di castello

Tannenbaum

abete

Partyhut

cappello da festa

Schnecke

lumaca

Brombeere

mora

Johannisbeere

ribes

Clementine

clementina

Durian

durian

Drachenfrucht

frutto del drago

Jackfrucht

giaco

Sternfrucht

carambola

Spargel

asparago

rote Bohne

fagiolo rosso

Radieschen

ravanello

Rübe

rapa

Maniok

manioca

Süßkartoffel

patata dolce

Kichererbsen

ceci

Adler

aquila

Fledermaus

pipistrello

Biber

castoro

Flamingo

fenicottero

Rabe

corvo

Amsel

merlo

Blaumeise

cinciarella

Elster

gazza

Schwalbe

rondine

Lerche

allodola

Sittich

parrocchetto

Specht

picchio

Pfau

pavone

Papagei

pappagallo

tukan

tucano

Storch

cicogna

Koralle

corallo

Seeanemone

anemone di mare

Seeigel

riccio di mare

Seepferdchen

cavalluccio marino

Clownfisch

pesce pagliaccio

Goldfisch

pesce rosso

Krabbe

granchio

Einsiedlerkrebs

paguro

Delfin

delfino

Narwal

narvalo

Oktopus

polpo

Tintenfisch

calamaro

Walhai

squalo balena

Orca

orca

Blauwal

balenottera azzurra

Belugawal

beluga

Hammerhai

squalo martello

Weißer Hai

squalo bianco

Zitronenhai

squalo limone

Tigerhai

squalo tigre

Heuschrecke

cavalletta

Raupe

bruco

Skorpion

scorpione

Eidechse

lucertola

Dinosaurier

dinosauri

schwarzes Haar

capelli neri

rotes Haar

capelli rossi

braunes Haar

capelli castani

blondes Haar

capelli biondi

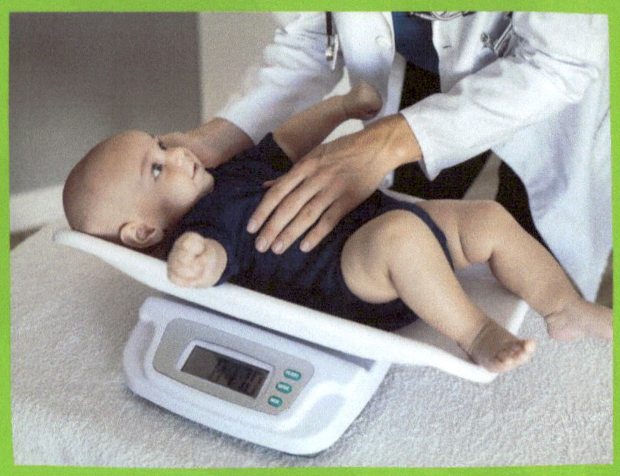

Waage

bilancia

Krankenhaus

ospedale

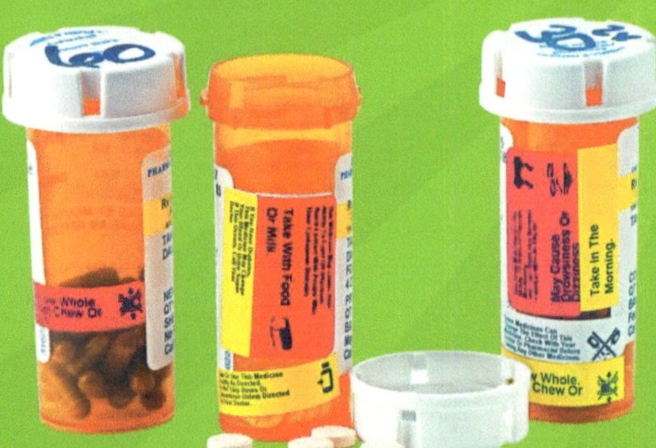

Medizin

medicina

Thermometer

termometro

Verband

benda

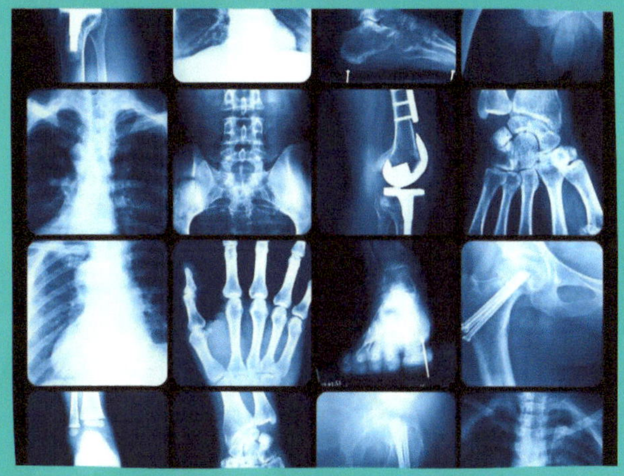

Röntgen

raggi x

Doktor

dottore

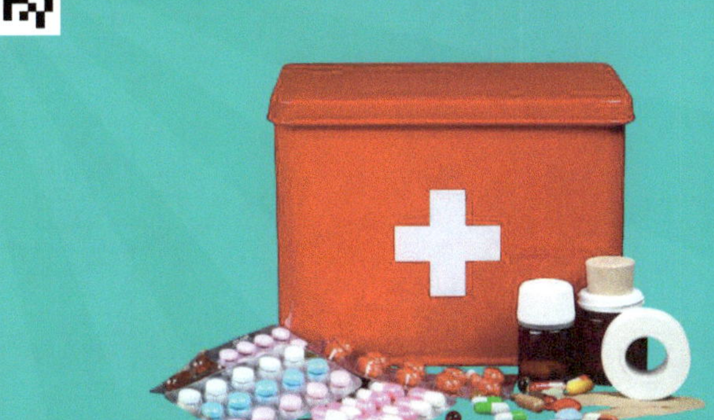

Erste-Hilfe-Kasten

kit di primo soccorso

spielen

giocare

zeichnen

disegnare

zählen

contare

schreiben

scrivere

Tanzen

danza

Schwimmen

nuoto

Skifahren

sci

Basketball

pallacanestro

Tennis

tennis

Tischtennis

tennis da tavolo

Fußball

calcio

Reiten

equitazione

Eishockey

hockey su ghiaccio

Judo

judo

Boxen

pugilato

Laufen

corsa

Baseball

baseball

Kricket

cricket

Rugby

rugby

Volleyball

pallavolo

Maracas

maracas

Tamburin

tamburello

Xylophon

xilofono

Geige

violino

Klavier

pianoforte

Gitarre

chitarra

Cello

violoncello

Harfe

arpa

Trommel

tamburo

Djembe

djembe

Schlagzeug

batteria

Trompete

tromba

Horn

corno

Saxophon

sassofono

Flöte

flauto

Kopfhörer

cuffie

singen

cantare

Notenblatt

spartiti

Mikrofon

microfono